대청호 오백리 길

국립중앙도서관 출판시도서목록(CIP)

대청호 오백리 길 : 김창현 정형시집 / 지은이: 김창현. --
대전 : 오늘의문학사, 2016
    p. ;   cm. -- (문학사랑 시인선 ; 47)

ISBN 978-89-5669-736-9 03810 : ₩12000

한국 현대 시조[韓國現代時調]

811.36-KDC6
895.715-DDC23   CIP2016002161

문학사랑시인선 · 47

대청호 오백리 길

김창현 정형시집

오늘의문학사

‖ 책머리 글 ‖

대청호 오백리길 – 정형시집을 펴내며

　오늘날의 과학문명은 놀랄 만큼 팽창 발전되었다. 이소연 씨가 국제우주정거장까지 다녀와서 우주인도 탄생하였고 고흥나로우주센터가 준공되어 과학위성을 발사한 사례가 있었기 때문이다. 우리나라의 현대시조도 고대시조, 근대시조를 거쳐 현대시조(1906→2006)까지 100주년을 넘겼고 2007년부터 〈새 시대 시조〉로 접어들게 되었다. 필자가 현대시조를 창작하게 된 시기는 1977년 충남일보(대전일보)에 처음 투고하였고 교육자료에 1987년 바느질 1회, 추천, 1988년 저녁놀, 홍도가 2~3회 추천완료 하였으나 공식적인 인정을 받지 못해서 뒤늦게 시조문학으로 등단하였다. 그 와중에 농약중독 후유증이 날 잡고 놓아주지 않아 고생 끝에 1990년대에 등단하게 되었다. 지금까지 이십여 권이 넘게 많은 작품집을 발간했으나 우수한 작품이 없어서 부끄러움이 남을 뿐이다. 전국한밭시조백일장 심사위원을 지내면서 어린이들에게 눈높이에 알맞은 현대동시조에 노력했으나 문학 장르가 없기 때문에 〈동시〉로 옮겨 간 일도 있다. 앞날의 현대동시조가 우뚝 서려면 어린이들의 지적수준에 걸맞는 현대동시조를 개발 창안하여 어린이들의 재미성, 흥미성을 유발할 수 있는 그림, 만화로도 창안하여 희망, 꿈을 달아 주어야 한다고 주장한다. 그러므로 물질문명과 과학문명이 찬란하게 발달한 오늘날에 새

천년시대의 시조도 시대에 부응 할 수 있는 자긍심을 높여야 하지 않 겠는가? 농약중독후유증으로 고희까지 시달려 왔고 산수(傘壽)가 코, 턱 앞에 다가 온, 오늘날까지 내 나름대로 노력했지만 기억력은 쇠퇴해 오고 통증은 날뛰어 참 좋은 작품이 샘솟지 않는다. 시조문학, 현대시조, 가람시조, 시조미학, 시조문학 100인 단시조 선총, 대전문학, 한밭시조문학 등에서 가려 뽑은 작품이 들어 있어서 후진들에게 마음의 위안과 조금이라도 도움이 되기를 기대하는 마음 간절할 뿐이다.

2016년 새 봄 아침
반석산 편집실, 관촌

‖ 차례 ‖

책머리 글 —————————————— 4

제1부 꿈을 탕(湯)하다

꽃 피던 아침 ————————————— 13
대전칼국수축제 ———————————— 14
한밭수목원 —————————————— 15
정한수(井一水) ———————————— 16
청명(淸明) 무렵 ———————————— 17
세천 오솔길 ————————————— 18
꿈을 탕(湯)하다 ———————————— 19
덩굴손 ———————————————— 20
이팝꽃 ———————————————— 21
대가야 ———————————————— 22
천년 흐른 금강처럼 —————————— 23
허브 꽃가게 ————————————— 24
솟대와 장승 ————————————— 26
산딸나무 꽃 ————————————— 27
작두칼 ———————————————— 28
봄바람도 고향이 있을게야 ——————— 29
한밭 아침 —————————————— 30
봄·1 ————————————————— 31
봄·2 ————————————————— 32

제2부 등꽃이 피면

경복궁 향원정 — 35
보문산 봄빛 — 36
동춘당 뒤뜰에 핀 꽃 — 37
대청호 — 38
그리움 — 39
조선 밥상 — 40
핸드북 카페 — 41
달팽이 잠꼬대 — 42
약초 — 43
여름 계룡산 — 44
부여 서동 연꽃 축제 — 45
대청호 운평선(大淸湖 雲平線) — 46
딸기 밭 — 47
시(詩)와 연꽃의 만남 — 48
땡볕 — 49
별꽃 — 50
등꽃이 피면 — 51
뭘봐 — 52
청량산 남한산성(淸凉山 南漢山城) — 53
천리포해수욕장 — 54

제3부 숙맥(菽麥) 같은 인생

한밭 아침 환타지	57
정생동, 장안동, 백자가마터	58
피뢰침	59
동박새	60
가을 안개	61
대청호 오백리 길	62
곶감	63
우담바라화	64
국화꽃	65
순천만(順天灣)	66
가을 햇살 밭	67
한밭수목원 팔각정	68
이명(耳鳴)	69
숙맥(菽麥) 같은 인생	70
순천만 갈대밭	71
농약중독후유증	72
부처님 오신 날	73
세상을 반쯤 열고	74

제4부 국제우주정거장

금동관음보살 입상 ——————————— 77
경기전(慶基殿) ——————————— 78
승무(僧舞) ——————————— 79
대금산조(大笒散調) ——————————— 80
남한산성 한남루(南漢山城 漢南樓) ——————————— 81
진천 종(鐘)박물관 ——————————— 82
갑천(甲川) 돌다리 ——————————— 83
대전시민천문대 ——————————— 84
대청 호반 물억새 ——————————— 85
버섯 필 무렵 ——————————— 86
도깨비네 공부방 ——————————— 87
하회마을 북촌댁 ——————————— 88
장독대 ——————————— 89
영일만 호미곶 ——————————— 90
무주구천동 일사대(一士臺) ——————————— 91
황금 술잔 꽃 ——————————— 92
천상열차분야지도(天象列次分野之圖) ——————————— 93
백제 무령왕비 은잔받침 ——————————— 94

제5부 한빛탑

백제금동대향로 —————————— 97
꿈꾸는 모래톱 —————————— 98
익산미륵사지 유물전시관 ——————— 99
충혼탑제 ———————————— 100
영월 장릉 ———————————— 101
넘실대는 금강(錦江) ————————— 102
목포 갓바위 ——————————— 106
칠석제 ————————————— 107
속리산국립공원 —————————— 108
초혼(招魂) ———————————— 111
대전팔경 박자임案 ————————— 112
대전팔경 송시열案 ————————— 114
대전팔경 대전시 지정 ———————— 116
해공(海公) 신익희(申翼熙) 동상 ————— 118
백제(百濟) 금동(金銅) 신발 ——————— 119
동지 팥죽 ———————————— 120
낙안읍성 ———————————— 121
고려 상감청자 어룡주전자 —————— 122
한빛탑 ————————————— 123

작품 해설 ‖ 김완하 / 삶의 여유와 멋의 깊이 —— 124
저자 약력 ——————————— 132

# 제1부
꿈을 탕(湯)하다

꽃 피던 아침

보얀 안개
매화가지 끝
보채다 감싸주다

터지는 아픔 떨리는 숨결
아련한 그리움 하나

꽃떨기
매운 핏줄 꽃잎 속
앙가슴 꼭 움켜쥐고.

움켜쥔 한 목숨 끝
꿈속처럼 지킨 한낮

꽃잎은 바람결에
흩날려 반겨 주고

물오른 꽃가지 사이
새 꽃순 돋아나고.

대전칼국수축제

논두렁, 홍두깨, 웰빙 칼국수가
푸짐한 시골 인심 밀가루 참맛 자랑
풀뿌리 헌밭 이름 올려 명품 국수 세상 뜨고.

높고 푸른 가을 하늘 대풍작 몰고 와서
피땀 흘린 농민들 마음씨 알아준 듯
반가운 이웃사촌이 오늘 따라 정답고.

* 제1회 대전칼국수 축제
* 2013.5.25-26.
* 대전시민광장

한밭수목원

이름 없는 다섯 곳 정자, 물레방아 쉬고 있어
생태계 교란종을 받아 주지 않는 습지
물억새, 갯버들 봄꽃 봄비 맞고 피었네.

물싸리풀, 수련, 연, 석창포, 꽃창포꽃
황소개구리, 붉은귀거북, 미국쑥부쟁이 거절하고
수목원 수생식물도 얼굴 곱게 피었고.

갈매부들, 창포연꽃, 마름, 주련, 부레옥잠,
개구리밥, 생이가래, 검정말, 물수제비,
이름도 모르는 꽃들 나를 반겨 손들고.

정한수井一水

새벽 달 지기 전에
정한수 길어 놓고

장독대 한가운데
두 손 비빈 그 정성

고요가 어둠을 삼켜
별빛 흐른 새벽녘.

청명淸明 무렵

꽃 핀 사월 함박눈 내려
오들오들 떨던 꽃술

양지 뜸 복수초가
꽃향내 실어 내고

봄바람 아지랑이도
바쁜 듯이 지나가네.

쑥 된장국 호호 불며
팥 쑥떡 맛을 보다

고사리 산나물이
건강식품 효자되고

인생을 즐겁게 살자
우리 조상 얘기했나.

세천 오솔길

고목나무 쓰러져 누워
칡덩굴 뻗어 기어오르다

쓰르라미 가락 뽑던
호박꽃 핀 여름 한나절

실안개 고개 마루 앉아서
솔바람을 다독거려.

꿈을 탕湯하다

먹구름 낀 까만 하늘
양 다리가 들쑤시고

지금도 후유증이
살았는지 뒤틀려서

발등 불 침술치료가
봄 꿈 탕湯을 끓였네.

덩굴손

눈빛 타고 우주 휘어잡아
한 아름 보듬은 저 손 끝

실낱같은 심줄 육신
등뼈만 올곧게 뻗는다면

햇살이
네 목숨 줄기
사유思惟로 세울 거다.

이슬비 맞고 피는
향내 깊은 너에게

비 맞고 웃는 얼굴
너무 고와 사랑스러

오늘은 어제와 다른
꽃씨가 아물게냐?

이팝꽃

이팝꽃 쌀밥 꽃잎
보약 술 담가 놓고

농약중독 후유증을
마음먹고 다스리다

눈앞이
침침한 지금
몇 년을 더 버틸꼬?

대가야大伽倻

천년 사찰 풍경소리 석탑은 무너지고
태자가 놀던 망루 단풍처럼 얼룩져서
대가야 왕국 숨결도 등잔, 토기 날 반겨.

풀잎, 꽃잎, 모양 솟은 장식 금동띠 고리 꽂혀
양파 모양 봉우리 앉혀 외관 안 쪽 내모內帽에는
뚜렷한 금띠 고리구분 달개 장식 눈에 띄고.

천년 흐른 금강처럼

고조선 마한 지켜오다
수천 년 꽃핀 백제 숨결

백제금동대향로* 놀란 솜씨
일본 공예 뿌리 되고

불사조不死鳥 쉴 참 없는 날개 짓
금강처럼 흘러왔네.

부대끼던 끈질긴 인정
이웃사촌 핏줄기 인양

울먹이던 소용돌이도
넓은 하늘빛 감싸주어

옹골찬 손마디 핏빛문신文身
저, 찬란한 우주 꿈.

* 백제금동대향로 : 국보 제287호

허브 꽃가게

빨간 아잘레아 하얀 향치자
노란 감귤 주렁주렁

꽃사슴 한 쌍 앵무새
메추리 한울타리 살고

이름도 모를 선인장
꽃등 냄새 천리향.

진달래 같은 시누사키
보라 호접란 저 손짓

호주매화 시쿨라맨
천양금 빨간 열매

겹동백 제라늄 꽃술
소철나무 나무 기둥.

목각 인형 물레방아
다리운동 돌아가고

돌 기둥 폭포수 아래
비단 잉어 놀이터엔

거북이 칠갑상어 잉어
헤엄치는 메기 떼.

* 개화예술공원 : 충남 보령시 성주면 개화리 274
한국문인의 시비, 시조비가 200기 이상 건립되어 있음.

솟대와 장승

햇살이 쨍쨍 쬘 때는
솟대와 장승이 함께 놀고

달 밝은 밤에는
도깨비와 놀았는지

장승은
째진 입 크게 벌리고
솟대는
두 귀 쫑긋.

산딸나무 꽃

창경궁 춘당지 가는 길
녹음짙은 우거진 숲속

넉장 꽃잎 하트모양
나무결도 결백 지켜

만수산 무량사 우리나무
산딸나무 꽃 한창일세.

작두칼

한약초 썰던 솜씨
작두 칼 다듬다가

대장간 칼끝 갈다
칼날 섬득 스친 손 끝

실핏줄 곤두세우다
감초 썰던 한나절.

봄바람도 고향이 있을게야

아지랑이 너머 오솔길 따라
산모롱이 돌아가다

진달래 할미꽃 핀
산자락 아래 양지뜸

꿈꾸는
봄도 고향이 있을게야
꽃잎 스친 봄바람도…

한밭 아침

먼동 트는 새벽부터
산새들 지저귐이

까만 고요 내려 앉고
가로등 혼자 지켜

기지개 일어설 무렵
허리 잡던 꽃바람.

도매시장 뒷골목
무, 배추 성벽 쌓듯

생선 풋냄 맴돌던
치맛자락 펄럭일 때

끈질긴 모진 삶 원죄原罪
이 세상 또 남았나.

봄 · 1

아지랑이 다독이면 봄 풀꽃 활짝 웃고
맑은 햇살 한 움큼 쥐면 기운나는 개나리
병아리 귀 담아 듣고 노래하는 벙근 입.

올 겨울 그렇게도 흰눈 많이 내리더니
꽃 핀 새 봄 왔어도 실여울 사르르 얼고
빠끔히 눈만 반쯤 뜨고 웅크려 앉은 봄 버들.

봄 꽃이 피는 소리 개구리 울음 소리
모두 모두 즐거워서 새봄 노래 부른다
아침 해 높이 떠 올라 방글방글 웃고 있다.

깊은 산 산골짜기 눈녹아 흐르는 소리
산속의 산새들도 노래하는 합창 소리
우리들 학교 운동장 재잘거리는 꿈나무.

아기가 아장아장 나비를 쫓아가면
나비는 훠어훨 술래되어 달아난다
길섶에 활짝 핀 민들레 벙글벙글 웃고 있다.

봄 · 2

따스한 봄 햇살이 온 마을 스쳐가다
시냇가 개나리들 살며시 눈을 뜨고
온누리 누비는 일꾼 무럭무럭 자란다.

가슴 떠는 잎새마다 꽃잎같이 떨린 세월
복사꽃 핀 가지 사이 눈감고 달린 봄비
빈 얼굴 한잎 노을로 반눈 뜬 아지랑이.

하얀 달빛 떨어지면 잎새 아래 깊은 고독
한 밤내 익은 꿈이 한 치만 다가서면
빈가슴 비빌 때마다 승천 못한 내 영혼.

봄바람 빈 배 젓다 졸음처럼 스민 여운
수줍게 솜털 쓴 꽃 지난 밤이 부끄런가
견디기 어려운 설렌가슴 얼마나 눈물겨야 하나.

제2부
등꽃이 피면

경복궁 향원정

새 소리도 향나무 뒤
서까래로 돌아 갔는지

적막이 깊게 솟다
긴 고요가 쌓일 때

햇살은 이슬 빛 아래
쏟아지고 있었네.

보문산 봄빛

꽃대 낮은 빨간 얼굴은 숨긴 깃발 피를 찾고
물소리 깨어나는 산골짜기 봄빛 아래

아직도
누군지 몰라 맞닿은 눈빛
하늘 땅을 흔들어.

새들이 둥지 틀던 푸른 언덕 맑은 풀숲
꽃빛 물든 가슴 땀 옆, 눈가에 젖은 이슬

잎잎이
실안개 스미는 봄기운
속잎 피던 그 손길.

동춘당 뒤뜰에 핀 꽃

한 오백년 허리 휘어진
늘푸른 소나무 가지 아래

삼백년 담홍색 영산홍 곱게 핀
봄비 꽃타령 그 후 지금 쯤

보약술 두견주 항아리 속
뽀글뽀글 익어가려니.

꽃 피면 앞 뒤뜰 산마루까지
붉은 꽃물 꽃무지개로 아롱지고

어두컴컴한 근심 걱정 사라져
한줄기 햇살 보듬어 낮추는 선비

봄 같은 꽃봉오리 마음씨
꽃술 하나 환해지려니.

대청호

늦봄 안개 길게 누운
대청호 달동네 다닥 논배미

과거 떨어진 상심 달래려
천렵 왔던 한밭 선비

한 잔 술 막걸리 묵사발도
바르르 떨던 갓끈 줄.

보슬비도 흐느끼고
종달새도 진달래 꺾던

아가미 벌름거린 숨소리 시조창
산자락 하나 실려 갔을 때

까아만 모래무지 눈빛이
붓끝 같은 붓글씨.

그리움

천년 서린
곧은 절개 바람 먹고 꿈도 먹고

세월 몰다
비껴 섰는 시간들이 아까울 때

이승 길
어디쯤 와 있을까 알다가도 모를 일.

조선 밥상

소나무, 느티나무, 은행나무 만든
통영 나전칠기 운각 자개무늬

십장생, 운학, 당초문, 亞, 卍
버선코 살짝 올려 모양내고

상다리 구멍파낸 옻칠 빛
나주, 해주, 꽃모양 밥상.

* 한국 3대 조선 밥상
1. 경남 통영반 : 나전칠기, 자개상, 운각 - 십장생, 운학, 당초문
2. 전남 나주반 : 운각 아래 얇은 나무오리 가로지르대 2개.
3. 황해 해주반 : 亞, 卍, 상다리 구멍, 버선코 모양.

핸드북 카페 Hand book cafe

지하철 안내도 앞에서
아무도 없는 기둥 옆

내 마음의 소중한 선물
60초마다 펼치고 닫혀

이천원 짜리 총 14권이
책 사시오 손짓하네.

달팽이 잠꼬대

쏟아지는 소나기 맞고
천둥, 번개, 벼락 쳐도

두 촉각만 천문대
망원경 바라보듯

느림보 삶 철학 익힌
단층 아파트 집 한 채.

절벽 아래 낭떠러지
허공 별 밭 떨어져도

방 한 칸 어둠 밝혀
풀잎 이슬 찾아와도

한 평생 질주 모르는
위대한 능력자여!

약초
— 원추리

겹꽃 주황색
왕원추리 식용, 약용

홑꽃 노란 색
홑왕원추리 튀김요리

여름철 꽃봉오리 밥
우울증 특효라고.

작두칼 썰어 말려
꽃잎 차도 만들고

어린 순 나물 먹고
정액이 나오는데

진딧물 붙어 있는지
세밀하게 살펴보고.

여름 계룡산

하얀 속살 뒤집는
여름 햇살 숨소리

오뉴월 오르막 길
꽃수 점치고 있을 때

땅 어둠 건너지 못하고
날개 짓만 퍼득이다.

무더운 여름 땡볕속에
매미 노래 목청 높혀

소나기 내릴 무렵
떠내려간 발자국

먼 훗날 살이 오를 때까지
지켜보고 있을 게요.

부여 서동 연꽃 축제

백제 하늘 아래 궁남지 연꽃 활짝 피었네
홍련, 백련, 황수련, 백수련, 적수련, 왜가연

서동과 선화공주의 사랑이야기 숨어 있고
서동공원 궁남지 포룡전에서 속삭였나

서동요 전설이 깃든 굿드레
백마강은 흘러가고.

대청호 운평선 大淸湖 雲平線

찜통 땡볕 늦여름 지나
구름 걷어 훑어 가고

수평선 위 지평선도
아스라이 수繡를 놓아

지평선 위 운평선도
하늘 끝에 문門 열었네.

내 언제 이 세상 살다
이슬처럼 사라져도

인생 콩트 쓰다 남은
흔적 남아 나뒹굴때

뉘 거둬 챙겨 줄 사람
잠꼬대로 흘리네.

딸기 밭

비닐터널 딸기 밭엔
겨울 딸기 익어가고

꿀벌 없는 하얀 꽃이
따슨 새봄 그리워서

꼬투리 노란 꽃봉오리
큰 하늘만 쳐다 봐.

시詩와 연꽃의 만남

밤마다 외로운 밤
정열 넘친 사랑 그리워

버선 코 스친 연꽃 향
품안 가득 지니고자

오뉴월 포룡정 오작교 위
알몸 뒹군 살랑바람.

땡볕

비지땀을 쏟아내다
헉헉대던 그 숨결은

목 줄기 갈증 꺾던
멍든 가슴 핏빛 울음

늘 푸른
조선 민들레 김치
목구멍이 트인다.

별꽃

먼동 트는 새벽마다
아침 햇살 받쳐 올려

숲속 나무 곧은 장대
넓은 가슴 품어 주듯

양지뜸 따스한 산자락
아름다운 꽃동산.

봄바람 고개 넘어
꽃잎에 걸터 앉아

햇살이 보살피는
너그러움 지켜보고

입가에 번지는 웃음
열고 있는 꽃 가슴.

등꽃이 피면

덩굴손 휘돌아 감아
쉼터에 그늘 내려

쓰르라미 목청 높여
여름 말복 재촉 할 때

노오란 수박 찬물 위
수영하고 있었네.

남보라 흰색 등꽃 줄기
흐드러지게 피었어도

파아란 들판 지평선엔
청보리 숲 출렁일 때

뻐꾸기 여름 노래가
흰구름 몰고 가네.

뭘봐
— 凝視

대청호 저녁노을
붉게 물든 망향탑

지난날 웃던 추억
사진기에 담았어도

빙어 떼 물비늘 무늬
반짝이다 물결치고.

감나무 가지마다
주렁주렁 열린 홍시

풋 곶감 틀 깎아내는
재빠른 그 솜씨도

처마 끝 곶감두름이
행복 가득 매달려.

청량산 남한산성淸凉山 南漢山城

청량산 험준한 지형 지리조건 성벽 구축
신라 옛터, 기초축성, 병자호란 12km 쌓고
전란 때 능행 휴양도 남한산성 피난했네.

산성터널 지나 광주시 행궁 기와집 넓은 동네
높은 산 행궁 열, 두 채 남한산성 성벽 쌓고
짙푸른 오월 녹음이 꽃, 향내 가득 찼네.

* 남한산성 : 사적 제57호, 유네스코문화유산 지정. 2014.

천리포해수욕장

닭섬 해안가 모래언덕 소나무 숲
만리포가 아랫동네 어서 오라 손짓하고
빛바랜 조개껍데기 너울성 파도 드높은 곳.

제3부
숙맥(菽麥)같은 인생

한밭 아침 환타지

지족산 극동방송국 동네 산새 둥지 틀던 숲속
흙 땅 냄이 너무 좋아 꽃 산마을 이사 와
먼동 튼 새 아침 세상 눈빛 햇살 마주쳤네.

깎아내린 언덕 소나무 바위 돌 둘러친 울타리
흘러내린 흙더미 홀로 선 소나무 안타까워
하나, 둘 돌탑을 쌓았네. 성황당이 될 때까지.

안개 덮은 새벽부터 참새들 시끄러운 지저귐
까만 고요도 내려앉았다 가로등 혼자 지켜 서 있고
기지개 켜며 일어설 무렵 허리 잡던 꽃바람.

도매시장 뒷골목 무, 배추, 성벽 쌓듯
생선 풋냄 맴돌던 치맛자락 펄럭일 때
끈질긴 모진 삶 원죄原罪 이 세상 또 남았나.

정생동. 장안동. 백자가마터

조선 백자 가마터
왕실 도자 궁중 그릇

십년마다 가마 옮겨
백토 땔감 맞춰보고

순백색 갑발 덮어 없애고
잡티 없이 구워내.

항아리 술병 연적
옻칠 유약 비법 지켜

풍만한 넓은 어깨
허리 곡선 풍요로움

청백색 그림 솜씨 문양
살결 고와 고고해.

* 정생동백자가마터 : 시 기념물 36호
* 장안동백자가마터 : 시 기념물 40호

피뢰침避雷針

하늘 꽉찬 까만 구름
천막 치듯 뒤덮다가

뒷동산 번개 번쩍
하늘 찢는 천둥소리

태풍이 휘몰아 치다
왕대비가 쏟아지고.

바지랑대 교회 탑
첫 동네 마을 지켜 섰고

무지개 또 천둥 번개
한꺼번에 집어 먹고

무엇이 또 남았는지
뾰족 철탑 눈초리.

동박새

다도해해상국립공원 동백나무 숲속엔
동박새 한 쌍 정답게 꽃꿀을 먹고 있네.
꽃가루 옮겨 나르다
빛깔 고와 보기좋고.

참새보다 약간 작아 풀빛 같은 귀여운 새
꽃꿀 먹고 꽃가루 옮겨 이듬해 꽃 피게 돕는
동박새 둥지 속에도
찌이찌이 울어대고.

가을 안개

보얀 아침 안개 핀다
황사 안개도 피겠다

1미터 앞도 안 보이는
눈썹 이슬방울 떨어지고

콧잔등 싱싱 쌔근거리는
가을 안개 피겠다.

대청호 오백리 길

태봉산 감나무 골
산골짜기 아래 동네

다랑이 논 밭머리
노을처럼 익던 홍시

내 고향 황소 풀 뜯던
언덕배기 방앗간.

연자방아 삐꺽대며
돌아가던 수레바퀴

망향 탑만 우두커니
지켜 섰던 모롱이 길

뒷동산 새소리 곱게
옛 추억을 풀어내고.

곶감

앞 뒷산 단감나무
주렁주렁 익은 감들

감 따기 곶감 깎기
바쁜 일손 모자라서

비지 땀 흘린 땀방울
쉴틈 없는 한나절.

주름살 산맥처럼
옹이 박힌 손마디가

가난을 벗으려고
옹골차게 일 했지만

인생의 행복 찾기가
너무 힘든 뼈마디.

* 충남 논산시 양촌(햇빛마을) 곶감 축제

우담바라화 優曇婆蘿花

고행하는 생사 길을
아무나 할 수 없고

깨달음 골 깊어도
적은 지혜 알 수 없어

삼천년 만에 여래가
나타날 때 한 번 피고.

풀 잠자리 알 곰팡이여
등꽃인 듯 쇠별꽃인 듯

한 번 피는 삼천년
소원 꿈을 이룩하니

진정한 마음 갈피 끝 잡아
큰 한 시름 놓았네.

국화꽃

하얀 국화꽃
맺힌 이슬
오물오물
아침밥 먹고

반갑게 찾아온
꿀벌
무슨 얘기
속삭였는지

목 줄기
대롱대롱 매달려
참꿀 찾는 꿀벌 한 쌍.

* 참고
1. 감국(甘菊) : 식용
2. 산국(山菊) : 관상용
3. 감국차 : (1) 일본 – 꽃, (2) 중국 – 향기, (3) 한국 – 맛

순천만順天灣

초승달이 저녁노을
꽃구름도 입에 물고

수평선 언덕 너머
긴 허리 휘어질 때

갈게가
갈대잎 타고
산들바람 그네 타고.

가을 햇살 밭

파란 하늘 갈바람
붉게 물든 단풍잎

홍시가 익어가다
황금 너울 일렁이다

들국화
곱게 핀 언덕
잠자리 떼 춤추고.

한밭수목원 팔각정

드높은 파란 하늘
산들바람 살랑대고

익는 들판 황금 가을
코스모스 한들한들

청춘도 피고 지는 꽃
사랑 꽃도 피겠네.

싱그러운 파초 잎이
이슬 먹은 꽃 순처럼

코 끝 맴돈 밤꽃 내음
천리만리 넘나들고

단풍도 인생과 같이
꽃 필 때도 있었지.

이명耳鳴

판소리 받아가며
흥을 돋던 북채 가락

내 소리는 길을 잃어
우두커니 북만 남고

목청껏 뽑은 들날 숨
갸우뚱 흔들렸나?

숙맥菽麥 같은 인생

세상 길을 살다보면
숙맥 같은 삶이 좋아

덤을 주고 인정 많은
둥글둥글 사는 세상

참다운 삶 으뜸이고
더 바랄 것 무엇 있나?

순천만 갈대밭

가을바람 살랑살랑
갈대밭을 뒤흔들고

가을 햇살 맑은 하늘
반짝이는 파도 물결

보오얀 수평선 아래
이마 맞댄 섬, 하늘.

저 하늘 갈대꽃도
내 치마폭 펄럭거려

갈대밭 속 갈게도
갈대 올라 춤을 추네

저녁 놀 붉게 물들어
황금노을 집을 짓고.

농약중독후유증 農藥中毒後遺症

얇은 실핏줄 얼어붙어 맨살 오른 뼈마디엔
끌어안고 부대낄 파도 너울 정맥 돌다
생각은 깎지 않은 수염 뒷켠
눈만 감아 내려오고.

찡긋대는 피돌기가 수천리길 동맥 몰다
가다가 쉬어 갈지라도 멈추기를 그만 두고
두고 온 마음 한구석이
발 저림으로 돌아온다.

배고파 뒤틀어진 하얀 뱃살 뒤틀리다
땀방울 목줄기 넘어 등뼈 옹이 돌아설 때
눈빛은 까만 가로등처럼
푸른 별을 안고 있다.

부처님 오신 날

저녁 해넘이 대웅전 지붕 너머
보름 밤 보얀 신라 달빛 아래

운치 넘친 탑돌이 백등白燈을 든 채
잿빛 장삼 갈색 가사 걸친

법고法鼓 앞 파르라니 깎은 머리
북채 두드린 그 손놀림.

때로는 크게 긴 여운 작은 떨림
뒤로 이어지는 재빠른 휘모리

목어 운판 간결 담백한 소리
범종 소리도 멀리 울려 퍼져

한恨천년 울림 잦아들 즈음
절 마당 채운 목탁소리.

* 불국사 다보탑 : 국보 제20호, 유네스코 세계문화유산 지정등록.

세상을 반쯤 열고

월명산 하늘 저 끝 밝아오는 멀건 새벽
한 세상을 반쯤 열고 해돋이로 섰던 얼굴
뜨거운 입김 그대로 산처럼 살으련다.

말 없는 세월 따라 푸른 날개 휘젓다가
제 푼수 지켜가며 궁리대로 머문 텃밭
허물도 닦아보다가 개벽도 열어 본다.

제4부
국제우주정거장

금동관음보살 입상

불상도금 금빛색깔
찬란한 밝은 생동감

금빛도금 그 기법
고구려 불상 특징이고

적갈색 도금 백제불상
신라불상 순백색.

* 금동관음보살 입상 : 국보 127호

경기전慶基殿

사자 한 쌍 등에 지고
하마 역에 내렸을 때

돌담 벽 대숲소리
배롱나무 그늘 아래

경기전 조선태조 어진
오늘 아침 만났네.

여름 한낮 무더운 땡볕
울어대는 매미 소리

배롱나무 가지 끝
흰 구름이 걸터앉아

여봐라! 게! 아무도 없느냐?
어명은 떨어졌는데.

*어진박물관 : 조선 태조(국보), 세종, 영조, 정조, 고종, 철종, 순종 어진(전주시 완산구 태조로 44)

승무僧舞

발걸음 한 자욱도 역사 무게 실려 있고
춤 동작 휘늘어진 장엄한 발짓 서려있듯
힘들고 괴로운 무대 벅찬 가슴 벌렁거려.

태초 음양 갈라지는 저 형상 고깔 쓰고 장삼 입고
스님 춤 사상 담겨 한반도 만주 벌판 터
서사시 담겨진 승무 끈질긴 생명 흘러.

삶의 본질 한이 맺힌 삶을 풀어내는 살풀이
온갖 생명 커다란 수레바퀴 말, 소리, 글, 동작 춤 무대
한밝춤 한국인의 몸짓 한 춤 반복 눈부셔.

* 승무 : 중요무형문화제 제27호
* 이애주(李愛珠) 서울대 교수

대금산조 大笒散調

묵은 황죽, 쌍골죽, 만든 여섯 개 뚫린 큰 대금
높은 음 청아하고 낮은 음 우아하고
가장 큰 대금합주 독주 몰아 쉰 숨결 바쁠 게고.

서성이던 손끝마다 구멍 위에 춤을 춘다.
마디마디 일던 가락 한恨을 풀어 흔들려도
휘파람 입술 끝 노래 꽃떨기로 떠는가.

얼마를 휘저어야 음계 이는 선율旋律일까
가슴 펴고 눈 먼 정이 설움 흘린 자욱일레
이 저승 가락 빚은 넋 몇 만 겹을 휘잡았나.

* 조선 고종 때 박종기(朴鍾基 1880-1947)가 대금 산조를 잘 했다고 한다.

남한산성 한남루 南漢山城 漢南樓

내행전, 외행전, 한남루 지붕 위엔
어처구니 열두 개 행궁마다 지켜섰고
기둥에 주련柱聯* 얇은 판자 생각하오, 임금은덕.

남한산성, 북한산성, 강화 행궁, 전란, 능행,
숙종, 영조, 정조, 철종, 고종, 능행길, 행궁 머물러
궁궐의 남한산성 행궁 사십칠일 나라 지켜*.

* 주련(柱聯) : 좋은 글귀를 얇은 판자로 기둥에 붙인 것
* 조선 인조가 남한산성에 47일간 체류하였다.

진천 종鐘박물관

마음의 진정한 고요를 찾고자
정성 합쳐 두 손 모은 손길

세상을 환히 밝히는 울림
영혼을 깨우는 떨림의 소리

천년을 울려 백성의 마음을 잡은
울림, 떨림의 소리결.

*충북 진천 종(鐘)박물관

갑천甲川 돌다리

지하철 갑천역 공사
보洑를 막아 돌다리 놓고

두 줄 149개 징검다리
쇠백로가 먹이 사냥

폭포수 같은 물줄기
만년교가 우뚝 섰네.

석교동 외줄 돌다리
갑천 돌다리 쌍줄이고

석교동 보洑가 없지만
갑천 보는 높게 쌓아

돌다리 지켜 섰는 새
쇠백로 혼자 뿐.

대전시민천문대

밤하늘 총총 박힌 별
꿈돌이, 꿈순이, 꿈팔이.

북극성 500광년
직녀성 350광년

재밌는 알비레오 별
달그림자 있어? 없어?

대청 호반 물억새

마한 살던 백제 숨결
천년 전설 조상 얼들

푸른 파도 수중 궁궐 뜰엔
고향 그림자 지나가고

산자락 꽃그늘 언덕 망향탑
실려 가던 웃다리 농악.

물고기 빙어 떼 물 억새 숲
보슬비 아래 뛰놀 때

보얀 물안개도 추스르다
파도치던 물비늘 주름

동동 뜬 가을 단풍잎 하나
뒤따라오는 초승달.

버섯 필 무렵

등뼈가 너무 높아
처용암 허리 통 굵어지듯

김을 품던 목 줄기도
못 여민 눈 먼 앞섶

땅 깊이 하얀 속살 옹아리
지층 비늘 일어선 어깨.

굶주린 작은 손목 아래
때 절은 살빛 팔찌

끈끈한 군침 흘리다
꽃을 피던 여름 혼자

어둠 속 천년을 속삭이던
피 묻은 등골 마디.

도깨비네 공부방

벼가 익는 금빛물결 풋과일도 익어가고
구름 머문 산마루에 하늘 꽃 핀 목화송이
또드락 방망이 치기 1학년도 배워요.

도깨비네 굴뚝동네 금침 놓는 한의원
인삼 약도 끓이고 약초 단지 보글보글
웃으며 손 사래치는 도깨비네 한의사.

2학년 도깨비들 구구단을 외우다가
처음엔 넋을 잃고 멍청이도 모르다가
신나는 음악시간 되면 또드락을 잘 쳐요.

태극기가 펄럭이는 파란 하늘 운동회
숲속나라 도깨비들 바캉스 춤 흔들다가
우르룽 꽝! 천둥소리 놀라 뺑소니 치기 잘 해요.

주렁주렁 열린 고드름 칼싸움 한 판 붙자
팽이치기, 연날리기, 널뛰기도 뛰어 넘다
온 세상 곱게 내린 함박눈 썰매 타는 도깨비들.

하회마을 북촌댁

안동고을 하회마을 물돌이 마을 옛이름
풍산류씨 집성촌 학문 선비 전통문화
손꼽힌 귀한 하회마을 보고 싶은 선비마을.

이백년 전통 지켜 화경당 세운 명문
북촌댁 선조들이 지켜 왔던 하회탈
낙동강 물길 닮은 소나무 누정서원 청청하고.

장독대

근심을 무늬 놓아
찰흙 빚다 멈춘 물레

빗물 반쯤 고인 독탕
앙금질로 비법 찾아

질그릇 불가마 속엔
옹기그릇 한가득.

앞가슴 속 숨겨놓은
말 못할 사연들을

층층으로 쌓아 올린
질그릇 통 다질 때는

옹맺힌 가난 속 한恨을
숨고르기 풀어내.

영일만 호미곶

포항에서 32km 동쪽 끝
문 앞 돌고래 상 손짓하고

등대 불빛 밝혀주던
마도로스 정다운 친구

횃불로 뱃길 밝혔던
장기 갑 저 호미곶.

바람 부는 대로 풍력발전기
빙빙빙 돌아가고

꼬리치는 호랑이 상
새천년기념관 그 불씨들

마주 본 상생의 손 조각상
해맞이도 손에 쥘 듯.

* 변산반도 일몰 불씨 : 1999.12.31.
* 영일만 호미 곶 일출 불씨 : 2000.1.1.
* 동해 독도 · 남태평양 피지섬 일출 불씨 : 2000.1.1.
* 상생(相生)의 손 조각상 : 김승국(영남대 교수)
* 호미곶등대박물관 : 1985.2.7.

무주구천동 일사대 一士臺

구름다리 통제 문 자물쇠 잠겨놓고
덕유산 산골짜기 우뚝 선 일사대
굽이친 바위마당폭포
하얀 물결 춤을 추고.

산마루엔 흰 구름도 여유롭게 쉬어 가고
소나무 굴참나무 숲 매미 떼 합창 열려
휘도는 산들바람이
내 얼굴 스쳐가네.

* 국가지정문화재 : 명승 제55호. 2009.9.18. 관보 제17092호.

황금 술잔 꽃

계룡산 산골짜기
산모롱이 숲속 길 옆

눈 속에 핀
노란 복수초

백제 임금
황금 술잔 꽃

이른 봄
봄바람 불어올 때
꽃잎 흔들며 웃고 있네.

천상열차분야지도 天象列次分野之圖

하늘이 열리고 태극이 춤추던 날
해와 달 내려와 오악을 비추네
삼족오 높이 날아와 해 품에 깃들고.

두꺼비 높이 뛰어 달 속에 안겼네.
천상열차분야지도- 고려 충신의 한이여!
꿈이여! 조선 태조의 천상열차분야지도.

북에는 북두칠성이 남에는 남두육성.
고구려 혼을 담아 천문을 새겼네.
한이여! 고려 충신의 천상열차분야지도.

천상열차분야지도- 조선 태조의 꿈이여!
청룡주작 비상하고 백호현무 표효하니
천손이 더 나아갈 길 저 멀리 보이네.

* 천상열차분야지도 : 국보 제228호
* 유방택(柳芳澤 1320-1402) : 충남 서산. 고려 말 천문학자

백제 무령왕비 은잔받침

머리는 사람, 날개, 발, 꼬리는 새 모양
인면조人面鳥가 하늘 날아다니고

상상의 새와 나무, 사슴
불을 뿜는 용龍 그림

우아한 백제무늬 아로새긴
왕비 쓰던 은잔받침.

천년 살아 온 봉황 덩굴 무늬
도려내는 쇠 단조鍛造 기술

못 머리 꽃 모양 틀
거푸집 속 공예 솜씨

은공방 땜질하는 땜쟁이
소도리와 정釘 소리.

* 국립공주박물관 무령왕릉발굴 35주년 기념전시(2006)
* 소도리 : 작은 망치의 한 종류

제5부
한빛탑

백제금동대향로 百濟金銅大香爐

통 풀무질 눈물 찔끔 검은 연기 기침 콜록
땀방울 코끝 열고 다듬어 내던 망치질 장단
봉황새 무지개 깃털무늬 백제 하늘 궁궐 골목.

혼불 녹던 공예세공 그 솜씨가 일품일레
손마디 끝 너무 고와 허물 벗긴 세월 동안
앞가슴 부르튼 피, 손때가 스며 사는 백제 혼.

금강산 놀던 짐승 산새 하루 세 번 우는 천계天鷄 소리
오악산 오악기 인물상, 솔방울 주물토 문양거푸집
세계가 깜짝 놀란 백제공예 멋진 주조술 그 솜씨.

백제 대왕 제사 향로 불 피어올라 한산소곡주 청자 술잔
곤룡포 자락 하얀 수염 끝, 시루떡 입김 스쳐 갈 때
꿈틀댄 떠 받드는 백룡우산 연꽃무늬 그 숨결.

* 백제금동대향로 : 국보 제287호

꿈꾸는 모래톱

물무늬 파란 파도
자장가를 부를 때

밀물이 밀려 와서
게집을 휩쓸어도

모래톱 살던 달랑게
눈초리가 피뢰침.

익산미륵사지 유물전시관

용화산 미륵사엔
천년 지킨 미륵 신앙

드넓은 호남평야
오금산 서동 설화

눈부신 금동향로향
온 세상 퍼져가고.

백제 금속 공예 솜씨
거푸집 가마 주형 틀

둥그런 연꽃 뚜껑
팔만 연꽃 무늬 돌려

건물 밖 묻어둔 비밀
지금 알 수 있을까?

충혼탑제

민둥산 정기 아래 남향 명당 우뚝 서서
피 끓는 청춘 바쳐 나라 지킨 그 높은 뜻
영원히 빛나라 팔마건아 만덕충효 그 위상을.

온 세상 꽃바람 타고 꽃향내 진동하듯
한국전쟁 막은 충성 아픈 가슴 달랜 영혼
봄기운 헐떡이던 숨결 고개 숙인 추모 인파.

맑은 하늘 꿈틀거린 통일조국 얼싸안고
가신 선령 남긴 유업 천추만대 계승하여
빛나는 군산사범 정신 올곧게 지켜내리.

* 국립군산사범학교 학도의용군추모제(2009.7.10.)

영월 장릉
― 단종제

말타고 온 문무백관 석등 횃불 밝혀 들고
옥개석 떠받든 젯상 향로불 연기 하늘 올라
청령포 관음소나무 지켜보고 있었네.

여덟살 왕세손이 자규처럼 울부짖다
오열하는 애처로운 모습 산천초목 피눈물이
나 혼자 슬피 우는 뜻 그 누가 알아줄까?

* 유네스코세계유산 : 조선왕릉(사적 제176호)

넘실대는 금강錦江

1. 해오름달 - 1월
칼바람 휘몰아치는 카네이션도 손발 시리고
눈꽃 속에 파묻힌 노란 금빛 복수초가
온 세상 하얀 설국의 땅 발버둥치는 해오름달.

2. 시샘의 달 - 2월
꽃샘추위 이기려고 떨고 있는 너도바람꽃
바이올렛 꽃봉오리 봄비를 기다리다
끝나지 않은 겨울 끝자락 끌고 오는 시샘달.

3. 물오름달 - 3월
철쭉꽃도 수선화도 곱게 핀 삼월 하늘
봄바람 제비 떼도 반갑다고 종알대고
지평선 아지랑이가 피어 오르는 물오름달.

4. 잎새달 – 4월
봄꽃들이 제 꽃 자랑 뽐내고 있을 때도
데이지 둥굴레꽃 이슬비 뒤집어 쓰고
산새가 불러주는 봄노래 꽃잎 흔드는 잎새달.

5. 푸른달 – 5월
푸르름이 짙어가는 꽃내 풍긴 푸른 하늘
금난초 은방울꽃 꽃을 파는 꽃집에는
벌, 나비 꽃동네 찾는 쉴참 없는 푸른달.

6. 누리달 – 6월
오뉴월 붉은 장미 너의 기백 보기 좋아
칡덩쿨 얽힌 삶도 삼복 더위 뜸들이고
벼포기 알차게 영글어 한가득 꽉찬 누리달.

7. 견우직녀달 - 7월
견우처럼 만능슬기 직녀처럼 고운 솜씨
하얀 수련 하얀 은방울꽃 열매처럼 꽃등 달고
천문대 은하수 별보기 전설 많은 견우직녀.

8. 타 오름달 - 8월
찜통같은 무더운 여름 산들바람 불어 올 때
글라디올러스 야생나리 헐떡이던 꽃마음도
실핏줄 몰아쉬는 숨결 목이 마른 타오름달.

9. 열매달 - 9월
꽃같은 그리운 얼굴 꽃등에 짊어지듯
애스터 쑥부쟁이 약이 오른 해맑음이
지내온 가난의 세상 주렁주렁 열매달.

10. 하늘연달 - 10월
높고 푸른 가을 하늘 곡식 과일 익어가고
산들바람 살랑대는 들국화 코스모스
참새 떼 허수아비 앉아 살쪄가는 하늘연달.

11. 미틈달 - 11월
단풍잎 울긋불긋 가을 옷 차려 입고
서양국화 흰국화 오가는 손길 반겨 줄 때
한가락 울려퍼진 진혼곡 번져가는 미틈달.

12. 매듭달 - 12월
함박눈 떡가루로 온세계 펼친 세상
올곧은 맘 꿋꿋한 절개 수선화 동백꽃 심줄처럼
한줄기 남은 끝맺음 옹쳐맺는 매듭달.

목포 갓바위

갓바위 터널 지나
갓바위 해상 보행교 타고

목포팔경 바라보는
기념사진 촬영할 때

갈매기 저녁노을도
보기 좋은 그림일레.

* 목포갓바위 : 명승 제500호

칠석제 七夕祭

눈비바람 몰아칠 땐 추운 겨울 막아주고
일꾼 쉼터, 애들, 놀이터, 우리 동네 지켜주던
칠석날 농악놀이가 하늘 높이 퍼졌네.

육포 없는 과일상 굽높은 제상 쌓아올려
시루떡 입김 모락모락 과일상 머리 돌아가고
촛불 앞 향로불 연기 그림자 무늬 찾아가네.

오색옷 차려 입은 농악장단 북채가락
치켜든 왼손 열채, 칠보채가락 넘실거려
채일 속 느티나무 그늘 민속품 판소리 익어가네.

* 대전시 서구 괴곡동 느티나무 : 천연기념물 제545호 지정
(2013.7.17.)
* 축하기념 칠석제(2013.8.13.)

속리산국립공원
— 화양구곡

1. 경천벽
고개 넘던 구름자락 바위 벽 틈 쉬어가네
기암 절벽 하늘 이고 또아리로 떠받치나
어려워 아무 말 없는 부처댕이 하늘 벽.

2. 운영암
구름 돌던 바위 산 아래 냇물소리 노래하고
맑은 물 위 구름 비춰 구름 그림자 떠나가다
시냇물 그림 한 폭이 동동 뜨던 산수화.

3. 읍궁암
작은 산새 무어라고 지껄이던 까닭 몰라
북벌 계획 날개 달고 승하 슬픔 울던 절벽
산울림 슬피 울었다 내 슬픔 네 어찌 알랴.

4. 금사담
여름 한낮 땡볕 타고 땀방울은 목 줄기 넘어
깨끗한 금싸래기 모래 맑은 물 위 얼비칠 때
송사리 떼 지어 놀던 그 시절이 좋았는걸.

5. 첨성대
뒤틀린 바위 누워 있다 허리 굽혀 일어나고
산기슭 층층 판이 아슬아슬 간담 서늘
떨어져 쏟아질 것 같은 그 육중한 바위 층.

6. 능운대
앉은뱅이 키 작은 소나무 바위 텃밭 뿌리내려
돌던 큰 바위가 시냇가에 우뚝 솟아
온 세상 내 손 안에 있고 자랑하던 그 모습.

7. 와룡암
푸른 녹음 앞치마자락 황사바람 펄럭이고
꿈틀거린 간 큰 용은 꼬리 길게 누웠다가
이제 곧 하늘에 오르려고 웅크려 앉은 발톱 끝.

8. 학소대
저 소나무 선비 학들 둥지 집을 지을 무렵
바위 산 위 푸른 소나무 그림처럼 서 있다가
무엇을 지켜보고 있는지 알 수 없는 대답 뿐.

9. 파곶*
엄서재 글소리도 시내 따라 실려 가고
산수 빚어 운치 살린 오래 여운 남았다가
소 몰던 쟁기 앞세우고 뒤 따르던 망아지

*파천이라고도 함

초혼招魂

금강산 비로봉에 용마석과 마의태자 릉
금양, 통주, 통천, 관향 해온 깊은 뿌리
대나무 선비정신 표상 알아야 할 후손들.

대종산 마의태자 망배 단 세워놓고
비둘기 무화과가 평화 화합 염원하여
통천의 가장家章상징도 수천년 가훈 되리.

남계공 남기신 뜻 목족론 종훈 삼고
대전뿌리공원 통천김씨 조형물 우뚝 서서
영원히 가문 빛내고 슬기 배워 깨우치리.

통천김씨, 부안김씨, 같은 형제 핏줄인가
경주김씨, 대장군과 마의태자 직손인가
우리의 올바른 근원 통천김씨 천년사.

통천의 전통 맥락 쉴 참 없이 계승했고
후손들 가슴마다 아로 새긴 그 숨결이
온 세상 큰 초석 되어 자손만대 빛내리.

대전팔경 박자임案

1.
실안개 실 풀리던 보문산 아침안개
청솔나무 머리마다 어루만져 빗질하고
안개 꽃 고개 내밀고 방실대는 그 입가.

2.
삼천동 집집마다 저녁연기 피어올라
온 동네 굴뚝 연기 뒤덮였던 연기 꽃
피눈물 몇 방울 흘리며 쓴 고생 엮었는데.

3.
고산사 오층석탑 석등 속에 불빛 밝고
산바람 흔들리는 달빛에 졸고 서서
식장산 밝은 달 뜨면 대전천 반짝인다.

4.
법당안 문틈에도 저녁노을 비껴섰고
처마끝 노을구름 찬란하게 꾸며놓고
법화산 산마루노을 지켜섰는 법문들.

5.
배 띄워라 낚시질 감세 배 띄워라 그물 치게
국 끓이고 나물 무치고 풍월도 읊다보면
탄방동 어부사 노래 목척다리 들뜨겠소.

6.
버드내 실버들도 바람 따라 너울대고
유천동 쑥대 불 고기잡는 횃불 들면
뛰놀던 고기 떼 비늘 가슴도 서늘했소.

7.
원정동 가을들판 풍년이 찾아들고
풍물농악 즐겁게 동네마을 뱅뱅돌아
주름살 편 환한 얼굴 솟대처럼 웃었네.

8.
수침교 쇠오리떼 먹이찾기 바쁘고
가을이 깊어지자 북쪽하늘 날아가네
나홀로 남은 기러기 고향찾아 떠나가고.

* 박자임 : 생몰미상

대전팔경 송시열宋時烈

1.
산새 소리 새벽 열고 물줄기마다 꽃 핀 안개
흐르는 세월 따라 솔바람도 안개 몰고
계룡산 골짝 품안에 자고 가는 저 구름아.

2.
화산이 폭발 할 때 불꽃이 솟구쳤나
봉우리 봉봉마다 곶감 물 흘린 자욱
해 저문 계룡산 노을 곱게 물든 단풍잎.

3.
동학사 오층석탑 석등 아래 붉은 촛불
바람 따라 흔들리다 별빛에 졸고 있고
밝은 달 두둥실 뜨면 물비늘도 반짝인다.

4.
부처님 넓은 이마 저녁노을 얼비치면
단청도 노을 물들어 황홀하게 집을 짓고
계족산 저녁 꽃노을 물고 있는 절 추녀 끝.

5.
징을 쳐라 농악 쳐라 잔치 상 벌려 놓게
고사리 산나물, 전 시조창도 길게 뽑아
대전천 한밭 땅 노래 원천 다리 넘어가네.

6.
갑천 냇물 흘러가다 북쪽으로 방향 틀어
유천동 선돌바위 쓴웃음도 흘겨보고
뛰놀던 피라미 떼가 뜀뛰기로 넘어가네.

7.
괴정동 푸른 들판 풍년 꽃이 찾아들고
웃다리 농악 치며 아픈 허리 다독이다
빚더미 쌓인 얼굴에 주름 펼날 있으리.

8.
수침교 아래 기러기 떼 한가로이 먹이 찾고
흰 눈이 나부낄 때 깃치고 하늘 날아
짝 잃은 기러기 아빠 밤새 울고 또 울어.

* 송시열(宋時烈 1607-1687)

대전팔경 대전시 지정

1. 대청호大淸湖
높은산 깊은 대청호 진달래 활짝 피고
봄바람 살랑대며 푸른 물결 일렁일 때
나룻배 뱃전 위에도 파도 이는 물보라.

2. 계족산鷄足山
푸른빛 하늘가에 한 조각 마음 싣고
산줄기 녹음 실려 턱을 괴고 앉았다가
하늘 귀 죄 열어 놓고 산울음 숨결 듣는다.

3. 엑스포과학공원
대덕 도룡 새싹 씨눈 한국과학 눈빛일고
달나라 더 큰 꿈도 기계소리 조율 맞춰
한빛탑 얼비친 큰뜻 불멸의 천추되리.

4. 유성온천儒城溫泉
날개 쭉지 치료했던 가슴 죄던 천년세월
꽃가슴 빨간 풀꽃 생피도 돌았는지
높다란 빌딩 숲속에 헐떡이는 인정들.

5. 보문산普文山
구름 안개 몰고 가다 산모롱이 쉬어가고
산 까치 배운 가락 산문山門도 열려질 때
골짜기 봄 향내 따라 돌고 도는 물레야.

6. 구봉산九峰山
보얀 달도 홀로 졸고 귀뚜리도 잠이들면
하얀 별 그림자 끌고 새벽 꿈을 몰아오다
진달래 가지끝 잎새 입 꼭 다문 꽃술들.

7. 장태산壯太山
병풍처럼 둘러 싸인 안개 구름 이는 속세
뜸매미 허물 남듯 산림욕(山林浴)이 너무 고아
풀 이끼 기와골 따라 수북 자라 누었다.

8. 식장산食藏山
아카시아 흰꽃 날린 메아리 서성인 계곡
바람도 쉬어가다 산 허리 구름 걸려도
산새들 삶의 둥지를 고향인양 찾아든다.

* 배흘림햇살기둥, 2003, 시조집

해공 신익희海公 申翼熙 동상

남한산성 북쪽 향해 행궁기와집 바라보고
대한민국 대통령 꿈 허무하게 무너졌고
눈부신 건국공로가 추서 훈장, 빛나오.

포청골엔 해공 동상, 지켜 섰던 입상 하나
해적이 세우지 않고 좌판에 눕혀 놓아
누구든 손쉽게 읽고 알기 쉽게 건립했네.

* 해공 신익희(1894-1956) 동상, 조각 : 고명근(국민대) 교수.
* 내무부장관, 국민대창설, 건국공로훈장 추서, 동상건립.
(2000.4.30.)
* 민주주의 길은 함께 즐거운 영역에 도달하는 것이다.

백제百濟 금동金銅 신발

덩굴손 잎 순 사이
새순 돋는 잎줄기도

이슬방울 금빛 구슬
찬란하게 반짝이다

새벽 꿈 일깨우는 샛별 하나
곤룡포袞龍袍가 무거울 게오.

보얀 안개구름 뚫고
꼬리치던 용 아홉 마리

하늘로 올라가던
발톱 세운 비늘무늬

버선 코 금동 신발 달각거린
향불 스민 천신제天神祭.

동지 팥죽

얕은 부엌 아궁이 밀어넣은 생솔가지
아직 마르지 않은 축축한 나무마다
어머니 손길 감칠맛 붉은 팥 삶다 눈물 쏟고.

펄펄 끓던 까만 솥안 새알시미 요동치고
천방지축 뛰놀던 김 서린 연기 속에
손시린 무릎 쑤셔도 낮꿈처럼 환해지고.

낙안읍성樂安邑城

낙안읍성 장승들이
입 벌린 채 허허 웃고

전통 가옥 조선 풍속
사진 촬영 더 바쁘고

그 옛날 민속놀이가
지금도 남아 있네.

* 낙안읍성 : 사적 302호

고려 상감청자 어룡주전자

선정전 별궁 수라간에
신설로 팔진미 뽀글대고

여주 햅쌀 붉은 팥밥
청자상감용봉모란문 개합 김 솟아

진상품 보약주 고려인삼
산더미처럼 쌓일게고.

통영자개상 숭능 백자 그릇
팔각소반상 노란 과일

곱게 핀 연꽃무늬 치맛자락
동백향 나비 날 듯 사뿐거려

고요가 아침 가득 채우는
수라상이 나올게고.

한빛탑

계룡산 산줄기들 뻗어 내린 산자락엔
엑스포공원 자리 잡고 놀이시설 즐비하고
한국의 첨단과학단지 우주과학 조성되고.

하늘을 찌를 듯이 뾰족탑이 우뚝 서서
북쪽으로 흐르는 대전천, 갑천물을
지키며 내려 보듯이 엑스포 다리 무지개.

공중에 부상열차 붕—떠다닌 과학기술
나로우주센터 과학 위성 학자들도
세종시, 계룡시, 대전시, 마음 편히 살아가고.

물가가 제일 높은 광역도시 살림살이
덤을 주는 따슨 인정 정다운 이웃사촌
지하철 빠른 생활권 아쉬움이 없는 곳.

웃다리 농악 풍물장단 어깨춤 들썩거려
농기 앞 세운 남사당놀이 즐거움도 맛보다
솟구친 천년 학이여! 대전양반 얼씨구!

* 한국엑스포문화 효시 제20주년을 축하하며
* 대전EXPO. : 1993. 8. 7. - 1993. 11. 세계박람회가 열렸음.
* 대전시 캐릭터 : 꿈돌이, 꿈순이, 꿈돌이랜드 운영중.

‖ 작품해설 ‖

삶의 여유와 멋의 깊이
— 김창현의 시세계

시인, 한남대 문창과 교수 김 완 하

　일생을 교육에 헌신하고 그 나머지 생에 이르러 더욱 절실한 시조 사랑에 목이 마른 김창현 시인. 그분의 생이 소중한 만큼 그분의 작품 또한 대단히 소중한 것이다. 진정한 우리 민족의 문학 장르인 시조에 기울이는 시인의 애정은 참으로 감동적이기도 하다. 교육과 문학에 일생을 바친다는 것은 그 자체만으로도 의미가 있는 일이다. 그리고 김창현 시인은 그간의 문학적 성과를 종합해보려는 노력으로 자신의 시편에 대한 문학적 평가를 시도한다. 이는 대단히 용기 있는 일이며 그 모습은 매우 의미심장하기도 하다. 김창현 시인의 작품에서는 삶의 여유와 멋의 깊이가 다가온다.
　김창현 시인의 시조 가운데서 완성도를 갖춘 것 중에 대전 지역과 닿아있는 시 5편을 골라본다. 작품 안에는 지명으로 '대청호반, 보문산, 동춘당(同春堂) 뒤뜰, 대청호, 계룡산' 등이 나오고 있다. 그의 시조에서 대전 지역의 풍광과 삶을 담아내려는 노력은 소중한 것이다. 그만큼 지역의 특수성이 보편성으로 이어지는 것으로 이해되기 때문이다. 그런 점에서 우리 시조는 이미 오래전부터 세계화되었던 것이 아닌가 하는 생각이 들기도 한다. 그 형식에 있어서는 말할 것도 없거니와, 그것이 형상화하고 있는 대상은 철저히 지역적인 것과 만나고 있기 때문이다.

김창현의 시조에서 유연한 풍경 속에 드리워져 있는 역사와 선조들의 삶과 선비정신, 자연의 변화를 감싸 안은 모습들이 한결 청명한 비가 갠 하늘과도 같은 투명함으로 다가온다. 그의 시를 읽을 때마다 가슴에 와 닿는 서늘함은 김창현 시인만이 주는 시조의 참된 맛이라 일컬을 수 있다. 그것은 김창현 시인이 살아온 삶의 전 과정이 조화를 이루어서 우러나는 맛으로 시조의 여유 속에 드러나는 것이다.

김창현의 작품에서 느낄 수 있는 시조의 맛은 그의 시조가 거느리고 있는 형상성에 기대고 있다. 그의 시조의 형상성은 대단히 풍부하다. 그의 작품에는 주로 이미지와 자연물의 대상들이 작품의 소재로 등장한다는 것이 특성이다. 자연의 풍경이나 이미지들은 언제나 그의 시에서 중요한 시적 소재로 차용되고 있는 것이다.

마한 살던 백제 숨결
천년 전설 조상 얼들

푸른 파도 수중 궁궐 뜰엔
고향 그림자 지나가고

산자락 꽃그늘 언덕 망향 탑
실려 가던 웃다리 농악.

물고기 빙어 떼 물 억새 숲
　　　보슬비 아래 뛰놀 때

　　　보얀 물안개도 추스르다
　　　파도치던 물비늘 주름

　　　동동 뜬 가을 단풍잎 하나
　　　뒤따라오는 초승달.

　　　　　　　　　　　─「대청 호반 물억새」전문

　이 작품은 대청호반의 물 억새를 마한이 살던 백제의 숨결이자 천년 전설의 조상이 지녔던 얼로 비유하고 있다. 시인은 호수에 가득 차 있는 물속으로 열리는 수중 궁궐에 어리는 고향의 그림자를 바라보고 있다. 삶의 신산했던 과정들을 다 지나고 나서 다시 찾은 고향의 얼굴, 그러나 그것은 이미 물속으로 사라진 것이다. 지난 역사가 시간 속으로 사라졌다면 대청호반의 주변 공간은 물속의 공간속으로 사라진 것이다. 시간과 공간 속으로 사라져 간 고향의 모습들을 "산자락 꽃그늘", "물 억새 숲", "가을 단풍잎 하나"만이 감싸주고 있다.

　위 시조에서 알 수 있듯이, 우리의 역사적 공간으로서의 대청호반, 우리 선조들의 삶의 숨결과 전통 그리고 민속 문화는 시대적 흐름과 함께 변화하고 사라져 가는 것이다. 그러나 자연의 숨결만은 언제나 살아있는 것이다. 자연은 계절의 변화 속에서도 한결같은 모습들을 펼쳐줌으로써 시간의 변화와 공간의 변화를 감싸 안기 때문이다.

　　　꽃대 낮은 빨간 얼굴은 숨긴 깃발 피를 찾고
　　　물소리 깨어나는 산골짜기 봄빛 아래

아직도
누군지 몰라 맞닿은 눈빛
하늘 땅을 흔들어.

새들이 둥지 틀던 푸른 언덕 맑은 풀숲
꽃빛 물든 가슴 땀 옆, 눈가에 젖은 이슬

잎잎이
실안개 스미는 봄기운
속잎 피던 그 손길.

— 「보문산 봄빛」 전문

 이 작품은 보문산의 풍경을 담담하게 붓으로 그리듯이 터치하고 있다. 시 전체는 한 폭의 산수화처럼 시각적이고 청각적인 이미지들이 결합되어 대단히 생동감을 띠고 있다. 보문산은 대전의 동쪽에 자리하여 시민들에게 아침을 열어주는 의연한 자태가 자못 무게감을 더해주고 있다. 보문산은 봄빛이 푸르러 가는 산허리에 감기는 물소리와 실안개로 인해서 더욱 더 신비감으로 감싸여져 있는 것이다.

 이 시조는 봄빛으로 젖어드는 보문산의 형상을 통해서 자연의 위대함을 보여주는 것이다. 계곡은 계곡의 깊이를 안고 봄을 틔워낸다. 산정상은 정상의 높이로 어우러지면서 산 전체의 기운을 하늘로 뻗치게 한다. 이러한 조화로운 기운들이 하나의 봄을 만들고 하나의 산을 봄으로 물들이는 것이다.

한 오백년 허리 휘어진
늘 푸른 소나무 가지 아래

삼백 년 담홍 색 영산홍 곱게 핀
봄비 꽃 타령 그 후 지금쯤

보약 술 두견주 항아리 속
뽀글뽀글 익어가려니.

꽃 피면 앞 뒤뜰 산마루까지
붉은 꽃물 꽃 무지개로 아롱지고

어두컴컴한 근심 걱정 사라져
한줄기 햇살 보듬어 낮추는 선비

봄 같은 꽃봉오리 마음씨
꽃술 하나 환해지려니.

― 「동춘당(同春堂) 뒤뜰에 핀 꽃」 전문

  이 작품은 동춘당의 위엄과 학자로서의 품위를 일깨워주고 있다. 선비의 인품과 위엄은 늘 푸른 소나무를 통해서 대변되듯이 이 시에서도 "한 오백년 허리 휘어진 / 늘 푸른 소나무"로 형상화되었다. 소나무가 휘어진 허리를 드러내는 것은 역사를 감싸 안는 포용과 멋스러움일 것이다. 또한 "삼백 년 담홍 색 영산홍"이 소나무와 함께 함으로써 이 시의 전체적인 구도와 색상의 조화를 보여준다. 꽃이 필 때를 맞추어서 "보약 술 두견주 항아리 속 / 뽀글뽀글 익어가려니"에서 여흥을 함께 살려주는 것이다.
  동춘당은 우암 송준길이 송시열과 함께 학문을 논하고 펼치던 곳이다. 이곳에 머물던 학자로서의 깊은 면모는 푸른 소나무로 드러나며, 영산홍의 화려함은 그것을 조화롭게 받쳐주고 있다. 그리고 두견주가 있어서 여유와 풍요로움으로 일깨워주는 것이다. 옛 선인들이 자연과 어우러진 학문의 깊이와 멋스러운 삶이 고스란히 전해지는 작품이다.

늦봄 안개 길게 누운
대청호 달동네 다닥 논배미

과거 떨어진 상심 달래려
천렵 왔던 한밭 선비

한 잔 술 막걸리 묵사발도
바르르 떨던 갓끈 줄.

보슬비도 흐느끼고
종달새도 진달래 꺾던

아가미 벌름거린 숨소리 시조창
산자락 하나 실려 갔을 때

까아만 모래무지 눈빛이
붓끝 같은 붓글씨.

— 「대청호」 전문

이 작품은 앞에서 보았던 「대청 호반 물억새」와 함께 읽으면 좋다. 이 시에는 다른 작품들과 다르게 한 선비의 삶이 배어나고 있다. 이 시조의 잔잔함 속에서도 "과거 떨어진 상심"을 달래려고 대청호에 왔던 한 선비가 이곳에서 펼치던 시조창 소리가 들리는 듯하다. 그 만큼 시조의 분위기는 고요하고 깊이가 있다. 그것과 상대적으로

한 선비의 애절한 사연이 심금을 울린다.

이 작품의 마지막 연에서 보여주는 표현은 매우 신선하고 기발하다. "까아만 모래무지 눈빛이 / 붓끝 같은 붓글씨"에서 보이는 것처럼, 모래무지의 까아만 눈동자가 찍어내는 붓글씨처럼 마지막 점을 찍는 순간, 화룡점정(畵龍點睛)처럼 살아나는 의미를 일깨워주기 때문이다. 이렇듯이 김창현 시인의 시에서는 색다른 상상력의 면모들도 발견할 수 있기에 한결 흥미롭다.

> 하얀 속살 뒤집는
> 여름 햇살 숨소리
>
> 오뉴월 오르막 길
> 꽃수 점치고 있을 때
>
> 땅 어둠 건너지 못하고
> 날개 짓만 퍼득이다.
>
> 무더운 여름 땡볕속에
> 매미 노래 목청 높여
>
> 소나기 내릴 무렵
> 떠내려간 발자국
>
> 먼 훗날 살이 오를 때까지
> 지켜보고 있을게요.
>
> ―「여름 계룡산」 전문

이 시는 감각적인 표현이 무엇보다도 일품이다. 첫 행의 "하얀 속살 뒤집는 / 여름 햇살 숨소리"에서는 시각적인 것과 함께 청각적인 것이 어울려 공감각적인 표현으로 이해할 수 있다. 이는 여름의 햇살 속에서 살아 움직이고 있는 자연의 기운을 숨소리로 비유함으로써 이제 막, 퍼져나가는 산의 박동을 느끼게 해준다. 또한 이 시는 역동적인 표현들도 엿보인다. 여름 산이 녹음으로 번져가는 상황을 보여주는 것으로 '계룡산'의 지명과 어울려 용의 꿈틀거림을 제시하고 있는 듯하다.

아울러서 이 시는 미래에 대한 긍정과 희망을 동시에 감싸 안고 있다. 마지막 연에서 보여주고 있듯이 시인은 "먼 훗날 살이 오를 때까지 / 지켜보고 있을게요"라는 다짐으로 제시하였다. 대전은 사방을 둘러서 산과 자연으로 함께 하고 있다. 그 지형에 대한 소재 차원에서도 펼쳐지는 김창현 시인의 시는 자연친화적이고 친환경적이기도 하다. 그의 시를 대하면 그만큼 풍부한 자연의 풍경과 여유로움 속에서 평안을 얻을 수 있으며 한결 깊은 시심에 닿을 수 있게 되는 것이다. 우리가 김창현의 시에서 얻을 수 있는 효과라 할 수 있다.

김창현의 시에서 자연의 멋스러움 속에 스미어 있는 우리 역사와 전통, 민속적 가치와 숨결 등은 대단히 소중한 것으로 이해된다. 그의 시에서 삶의 여유와 멋의 깊이가 우러나오는 곳이 바로 여기라 할 수 있다. 그러한 점들은 김창현 시인의 인품과도 만나는 지점이라고 생각한다.

‖ 저자 약력 ‖

- **본명** : 김창현, **아호** : 관촌(冠村), **필명** : 금촌(金邨)
- **생년월일** : 무인년(戊寅年) 3월 20일 (음력)
- **학력** : 국립군산사범학교, 한국방송통신대학교 졸업
- **교육** : 초등학교 교사, 교감(1959. 3. 31. ~ 2001. 2. 28.)
- **훈장** : 대한민국국민훈장 〈동백장〉 수훈

- **문력** :
《교육자료》(월간) 시조 1회 추천(1987)
《교육자료》(월간) 시조 2, 3회 추천(1988)
《시조문학》(계간) 초회 추천(1990)
《시조문학》(계간) 2, 3회 추천(1991)
《아동문예》(격월간) 동시 추천(1993)
《문학사랑》(계간) 평론 「정완영 동시조의 시어적 이미지 연구」(2004)

- **경력** :
1991. 한국문인협회, 한국시조시인협회 회원
1991. 전국한밭시조백일장 심사위원
1993. 한국아동문예작가회 회원
1993. 대전시조시인협회 사무국장 역임
2000. 아동문예문학상 예심위원
2010. 문학사랑(계간) 신인상 심사위원
2011. 문화체육관광부, 기획재정부, 한국문화예술위원회,
　　　복권위원회 공동보조금 받음

■ 문학상:
1980. 전국청소년의달 내무부 치안본부장상 - 표어 부문
1992. 제23회 전국통일문예현상공모 최우수상(부총리겸통일원장관상)
　　　- 시 부문
1993. (사)한국아동문예작가회 아동문예문학상 - 아동문예 부문
1994. (사)한국아동문예작가회 한국동시조문학상 - 아동문예 부문
1999. 대한민국국민훈장 동백장 수훈
2003. 한국불교문인협회 한국불교문학상 - 시조 부문
2003. 문학사랑 인터넷문학상
2004. 시와시조(계간) 황산시조문학상 - 시조 부문
2005. 한국문인협회대전지회 대전문학상 - 시조 부문
2009. (사)한국아동문예작가회 한국청소년문학상 본상 - 아동문예 부문
2013. 시조문학(계간) - 시조문학 공로상
2013. 한밭아동문학 아동문학상 - 한국동시조문학공로상
2013. (사)한국아동문예작가회 대한아동문학상 - 아동문예 부문
2014. 대전시조시인협회 한밭시조문학상

■ 저서:
1. 개구리도 배꼽이 있나? 수필집. p.126. 우일사(군산). 1982.
2. 말더듬이의 하소연. 수필집. p.149. 대전문화사(대전). 1989.
3. 가슴냇가에 흐르는 사랑. 시조집. p.154. 호서문화사(대전). 1991.
4. 바람이 밀어주는 그네. 동시조집. p.115. 아동문예(서울). 1994.
5. 이승과 저승 사이. 시조집. p.98. 아동문예(서울). 1995.
6. 세월의 길목. 시조집. p.111. 분지(대전). 1996.

7. 고향노래. 동시조집. p.115. 아동문예(서울). 1998.
8. 불당골 메아리. 시조집. p.124. 오늘의문학사(대전). 2000.
9. 고향햇살밭. 평시조집. p.167. 오늘의문학사(대전). 2001.
10. 달동네 판소리여. 시조집. p.131. 오늘의문학사(대전). 2002.
11. 배흘림 햇살기둥. 시조집. p.126. 오늘의문학사(대전). 2003.
12. 낮달 뜨는 고향 언덕. 동시조집. p.131. 아동문예(서울). 2003.
13. 아지랑이 일던 가슴. 장시조집. p.159. 오늘의문학사(대전). 2005.
14. 문턱 너머 지구촌. 시조집. p.126. 오늘의문학사(대전). 2006.
15. 햇살이 길게 누울 때. 공동시집. p.135. 태극(서울). 2007.
16. 별꿈나라 꽃대궐. 사설시조집. p.127. 오늘의문학사(대전). 2007.
17. 한국현대동시조전집(엮음). p.265. 오늘의문학사(대전). 2009.
18. 월명산 진달래꽃. 시조집. p.143. 오늘의문학사(대전). 2010.
19. 글꽃 피는 꽃동네. 동시조선집. p.146. 오늘의문학사(대전). 2011.
20. 한(恨) 많은 어머니 눈물. 시집. p.134. 창작교실(대전). 2012.
21. 한국 현대시조 연구와 향방. 평설집. p.789. 오늘의문학사(대전). 2014.
22. 등대 도깨비. 동시집. p.131. 아동문예(서울). 2014.
   – 세종도서문학나눔2014
23. 대청호 오백리 길. 시조집. p.700. 오늘의문학사(대전). 2015.

대청호 오백리 길
김창현 시집

발 행 일	2016년 2월 12일
지 은 이	김창현
발 행 인	李憲錫
발 행 처	오늘의문학사
출판등록	제55호(1993년 6월 23일)
주 소	대전광역시 동구 대전로 867번길 52 (한밭오피스텔 401호)
전화번호	(042)624-2980
팩시밀리	(042)628-2983
홈페이지	http://www.lito77.co.kr(홈페이지)
전자우편	hs2980@hanmail.net
공 급 처	한국출판협동조합
주문전화	(070)7119-1741~2
팩시밀리	(031)944-8234~6

ISBN 978-89-5669-736-9 03810
값 12,000원

ⓒ김창현.2016

*이 책은 교보문고에서 E-Book(전자책)으로 제작·판매합니다.
*잘못 제작된 책은 바꾸어 드립니다.